Boussole Intérieure

UN RECUEIL DE VÉRITÉS QUI LIBÈRENT, INSPIRENT ET TRANSFORMENT TA VIE

CE LIVRE APPARTIENT À :

....

OFFERT PAR :

....

FSC
www.fsc.org
MIXTE
Papier issu
de sources
responsables
Paper from
responsible sources
FSC® C105338

À mes fils,
que ce livre, telle une boussole,
vous guide et vous rappelle qu'à chaque pas, face à chaque doute,
vous portez en vous la force de retrouver votre cap.

Édition : BoD · Books on Demand, 31 avenue Saint-Rémy, 57600 Forbach, bod@bod.fr
Impression : Libri Plureos GmbH, Friedensallee 273, 22763 Hambourg (Allemagne)
ISBN: 978-2-3225-7496-4
Dépôt légal: Décembre 2025

SOMMAIRE

Merci d'avoir choisi ce livre.

Je te souhaite une lecture riche et inspirante.
N'hésite pas à prendre un instant pour partager ton avis
sur la plateforme de ton choix.
Ce geste rapide et précieux sera un véritable soutien.

Il y a quelques années, je me suis retrouvée face à moi-même, dans ces instants fragiles où tout vacille, où les certitudes s'effondrent, et où la lumière semble introuvable. J'ai compris à quel point il est rare de trouver des mots vrais, sans jugement, qui réconfortent et donnent la force d'avancer quand tout paraît écrasant.

Ce livre est né d'un cri silencieux, d'un besoin profond. Il est le témoignage d'un engagement sincère : tendre la main que j'aurais tant voulu saisir dans mes heures les plus sombres, partager les leçons que la vie m'a données sur la résilience, l'amour de soi, et la puissance de l'authenticité.

Ici, tu ne trouveras ni promesses illusoires, ni recettes toutes faites. Ce que tu découvriras, c'est une vérité parfois brute, toujours empreinte de bienveillance, une porte ouverte vers un changement réel, un pouvoir retrouvé.

Chaque page est un tremplin, une invitation à te réapproprier ta vérité, à avancer, à guérir et à bâtir une vie fidèle à qui tu es, avec courage et clarté.

Ce livre est ma voix pour toi, l'écho puissant de la force silencieuse que nous portons tous en nous, cette énergie qui nous pousse à continuer, à grandir, et à devenir pleinement nous-mêmes, malgré les tempêtes.

Merci de m'accorder ta confiance pour ce moment partagé.

Chapitre 1

Ancrage & Douceur Intérieure

RALENTIS ET RESPIRE

Tu as toujours le droit de lever le pied. Dans ce monde qui ne cesse de courir, offre-toi la permission de ralentir. Arrête-toi un instant : pose ton téléphone, éloigne-toi du bruit, et prends une respiration profonde.

Autorise-toi à simplement être, sans rien faire. Sens tes épaules se relâcher, ton rythme cardiaque retrouver sa paix. Ta valeur n'est pas liée à ton activité ou ta productivité, elle est là, inconditionnelle, parce que tu existes.

Ralentir, c'est t'offrir un cadeau précieux : un moment de clarté pour écouter tes vrais désirs, pour ressentir ce qui compte vraiment. C'est dans ce calme choisi que naissent les meilleures idées, que ta créativité s'éveille, que ta paix intérieure grandit.

Dès maintenant, pose-toi, inspire profondément en conscience, expire les exigences du monde extérieur. Reviens ici autant de fois que nécessaire, ce refuge est toujours disponible.

Ralentis... et respire.

SOUVIENS-TOI
DU CHEMIN PARCOURU

Ferme les yeux un instant et revis le fil de ta vie. Souviens-toi de ces premières victoires : le jour où tu as appris à faire du vélo, la fierté mêlée à l'adrénaline d'avoir dépassé tes limites. Souviens-toi aussi des obstacles qui, un temps, semblaient insurmontables : un échec qui t'a fait vaciller, une déception qui t'a marqué(e).

Chacune de ces étapes t'a façonné(e), guidé(e) vers la personne que tu es aujourd'hui. Quand le doute t'envahit ou que la route paraît longue, puise dans ces souvenirs la force de continuer. Tu as déjà su te relever, apprendre et grandir.

Garde précieusement en toi ces « preuves vécues » : ces moments où tu as transcendé la peur, transformé la douleur en tremplin. À chaque nouveau défi, rappelle-toi ta résilience, riche de ton histoire, capable d'écrire encore de belles pages.

Marque un temps d'arrêt, respire profondément, et ancre-toi dans la certitude que tu as déjà parcouru tant de chemin intérieur que rien ne pourra t'arrêter. Souviens-toi du chemin parcouru ; c'est ta meilleure boussole pour avancer.

ACCUEILLE ET LIBÈRE
TES BLESSURES ÉMOTIONNELLES

Les blessures émotionnelles, qu'elles soient nées d'événements passés ou de relations difficiles, laissent en toi des traces invisibles mais puissantes. Elles touchent ton cœur et ton esprit, influençant souvent tes réactions sans que tu t'en rendes compte.

Tu ressens peut-être de la colère, de la tristesse, de la peur, ou même un vide profond. Ignorer ou refouler ces émotions ne les efface pas ; au contraire, cela peut les enraciner davantage.

Accueillir tes blessures émotionnelles, c'est leur offrir un espace sans jugement, avec douceur et compassion. Ce n'est pas les laisser définir qui tu es, mais reconnaître leur existence pour commencer à les comprendre et à les apaiser.

Libérer ces blessures est un processus qui demande de la patience et de la persévérance. Cela commence par accueillir ce qui est là, sans chercher à masquer ou nier la douleur. En te permettant de ressentir pleinement ces émotions, tu leur donnes la chance de se transformer. Ce travail intérieur peut parfois nécessiter du soutien, que ce soit par la parole, l'écriture ou simplement le temps que tu t'accordes pour te reconnecter à toi-même. Petit à petit, en posant ce regard bienveillant sur tes parts fragiles, tu desserres l'emprise du passé et laisses place à un apaisement durable.

APPRIVOISE TON PASSÉ

Je sais que ton passé peut peser lourd sur ton cœur. Ce que tu as vécu, que ce soient des instants doux ou des douleurs profondes, fait partie intégrante de ton histoire et t'a façonné(e). Ce passé, tu ne peux pas le changer, et il est normal que parfois tu en ressentes le poids.

Mais écoute ceci : tout ce que tu as traversé t'a offert une force secrète, même si elle reste parfois invisible. Cette force est là, en toi, prête à te soutenir quand tu en as besoin. Ce n'est pas un fardeau, c'est un trésor caché, un allié précieux pour avancer.

Quand la peine ressurgit, rappelle-toi que tu n'es pas seul(e). Tu es digne de douceur, de pardon et de paix.

Apprivoise ton passé avec tendresse. Libère-toi des chaînes du regret et offre-toi la permission de vivre pleinement ici et maintenant. Tu as déjà parcouru un long chemin, et chaque pas t'emmène vers une vie plus légère, plus sereine.

OSE LÂCHER PRISE

Je sais combien il est difficile de vouloir tout contrôler, de chercher à tout maîtriser pour se sentir en sécurité. Mais parfois, cette tension constante finit par t'épuiser et t'enfermer.

Oser lâcher prise ne signifie pas abandonner. C'est choisir consciemment de déposer ce poids inutile, de faire confiance à la vie, même quand elle paraît incertaine. C'est s'autoriser à respirer librement, à ouvrir les mains et le cœur sans crainte.

Lâcher prise est un acte d'amour envers toi-même. C'est reconnaître que tu fais de ton mieux, que c'est déjà suffisant. À chaque fois que tu choisis de laisser partir ce qui te retient, tu ouvres la porte à une paix plus légère, plus authentique.

Accueille ce geste avec douceur. Ce n'est pas un saut dans le vide, mais un pas solide vers la paix intérieure.
Tu es capable de ce courage.
Ose essayer, encore et encore.

APAISE TES PEURS

Je sais que la peur peut serrer ta poitrine, te bloquer, alourdir
chacun de tes pas. Mais la peur n'est pas ton ennemie. C'est un
messager, un signal qui cherche à te protéger,
pas à te paralyser.

Accorde-lui un instant d'écoute, sans jugement.
Accueille-la comme un visiteur inattendu, avec douceur et
curiosité. Que tente-t-elle de te dire ?
Quels besoins essaie-t-elle de satisfaire ?

En apprivoisant tes peurs, tu leur ôtes leur pouvoir.
Tu apprends à les reconnaître sans t'y noyer,
à avancer malgré elles.
Chaque souffle apaisé est un baume qui te reconnecte à
ta force intérieure.

Tu n'as pas besoin de fuir ni de combattre tes peurs. Tu peux
les accompagner, les rassurer, puis continuer ton chemin avec
courage. Je suis là, à tes côtés, pour te rappeler que tu es plus
fort(e) que ce qui t'effraie.

INVITE LA BIENVEILLANCE

Parfois, la voix la plus dure que tu entends est la tienne. Tu peux te critiquer sévèrement, te juger sans compassion. Mais imagine un instant que tu t'adresses à toi-même comme à un(e) ami(e) cher(e), avec douceur et compréhension.

Inviter la bienveillance, c'est choisir de t'offrir ce regard aimant et sincère. C'est reconnaître tes efforts, tes blessures, tes réussites, sans aucun jugement. C'est prendre soin de toi avec la même attention que celle que tu offrirais à quelqu'un que tu aimes profondément.

La bienveillance envers toi-même est une source puissante de guérison et de paix intérieure. Elle te donne la force de te relever plus vite, d'apprendre avec moins de peur, et d'avancer avec plus de légèreté et de confiance.

Ouvre la porte à cette tendresse intérieure.
Accueille-toi avec patience, sans exigence excessive.
Souviens-toi que tu es digne de toute la douceur que
tu peux t'offrir.

LIBÈRE-TOI DU REGARD DES AUTRES

Ne prends rien personnellement. Ce que les autres pensent,
disent ou font reflète leurs propres réalités, pas la tienne.

Arrête de chercher à plaire ou à obtenir leur approbation
pour te sentir digne. Ta valeur est innée,
indépendante de tout jugement extérieur.

Choisis de vivre selon ta vérité, pas celle imposée par les
attentes ou opinions des autres. Le regard d'autrui ne doit
jamais dicter tes choix ni ton bonheur.

À chaque pas vers cette liberté, tu brises une prison invisible et
gagnes en puissance. Tu redeviens le seul maître de ton univers
intérieur.

Libère-toi du regard des autres,
ta paix et ta joie n'ont besoin d'aucune permission.

SAVOURE L'INSTANT PRÉSENT

Le passé est derrière toi, le futur n'est pas encore là. Ce que tu as vraiment, c'est ce moment, ici et maintenant. Apprends à le goûter pleinement, comme on savoure une brise fraîche ou le chant d'un oiseau.

L'instant présent est un cadeau précieux et fragile, capable de déposer tes soucis, d'alléger ta respiration, et de te reconnecter à toi-même. C'est dans cet ancrage que tu trouves la paix, même au cœur des tempêtes.

Ne laisse pas ton esprit t'emmener loin d'ici. Ramène doucement ta conscience vers ce qui se passe autour de toi : les sensations, les couleurs, les sons qui t'entourent.

Savoure chaque souffle, chaque battement de cœur. C'est là, dans cette présence attentive, que naît la véritable sérénité, toujours accessible, ici pour toi.

ÉVEILLE TON COURAGE

Le courage ne s'impose pas toujours avec fracas ni sous les regards admiratifs. Il commence souvent par une étincelle discrète, une voix intérieure qui te pousse à avancer malgré la peur et le doute.

Ce courage, tu l'as déjà en toi, même s'il reste parfois caché derrière l'inquiétude ou la fatigue. Éveille-le avec douceur, comme on ravive un feu qui sommeille sous les braises.

Chaque petit pas que tu fais est une victoire. Chaque fois que tu choisis de te relever, de t'exprimer, de continuer, tu renforces ce courage qui te rend plus fort(e) et libre.

Rappelle-toi que le courage n'est pas l'absence de peur, mais la décision consciente de ne pas te laisser arrêter par elle. Écoute cette force en toi, et laisse-la guider tes pas avec confiance.

ACCEPTE LA SOLITUDE

La solitude n'est pas une ennemie, mais un refuge où tu peux te retrouver, loin du tumulte et des attentes. C'est un moment précieux pour écouter ce que ton cœur murmure, poser tes pensées et simplement exister.

Dans ces instants seul(e), tu peux déposer tes masques, accueillir tes émotions sans jugement, et renouer avec ta véritable essence. Ce temps avec toi-même est un cadeau qui t'apporte calme et clarté.

Accepter la solitude, c'est reconnaître que ta présence est suffisante, que tu es entier(ère) tel(le) que tu es, sans besoin de combler un vide par la compagnie ou l'agitation.

En accueillant pleinement ce temps seul(e), tu ouvres la porte à une liberté profonde : celle d'être authentique, entier(ère) et en paix avec toi-même.

Chapitre 2

Guérison & Résilience

SOIS INTÈGRE AVEC TOI-MÊME

Les mots que tu utilises, en particulier envers toi-même, ont un impact profond sur ta confiance et ton équilibre intérieur.

Être intègre avec ta parole, c'est choisir de te parler avec honnêteté, respect et compassion, sans te juger ni te blesser. Cela signifie aussi éviter les critiques trop sévères, les mensonges, ou les pensées négatives que tu te répètes.

Quand tu cultives cette parole consciente envers toi-même, tu renforces ton estime, tu apaises ton esprit, et tu poses les bases solides d'une relation saine avec toi-même et les autres.

Ta parole intérieure façonne la façon dont tu te vois et dont tu agis dans le monde. En lui accordant toute l'attention qu'elle mérite, tu affirmes ton intégrité personnelle et développes ta force intérieure.

AIME-TOI SANS CONDITION

L'amour que tu te portes est la fondation solide sur laquelle tout peut s'élever. Ce n'est pas une récompense à mériter, mais un droit naturel, ici et maintenant, tel(le) que tu es.

Tu es digne d'amour, avec tes forces, tes faiblesses, tes succès comme tes erreurs. S'aimer sans condition, c'est t'accueillir pleinement, sans jugement ni réserve.

Ce n'est pas ignorer ce qui peut évoluer, mais embrasser chaque partie de toi avec douceur, comme on veille sur un être cher.

Apprends à te regarder avec tendresse. Plus tu cultiveras cet amour envers toi-même, plus tu trouveras la force de surmonter les épreuves, de te relever après chaque chute, et d'avancer avec confiance sur ton chemin.

DÉCONSTRUIS
TES CROYANCES LIMITANTES

Une croyance limitante est une idée, souvent inconsciente, que tu acceptes comme vraie mais qui freine ta confiance et ton épanouissement. Elle t'amène à penser que tu n'es pas capable, pas digne, ou que certaines choses sont hors de ta portée.

Ces croyances se forment généralement dès l'enfance, à travers des expériences, des paroles entendues ou des peurs transmises. Elles deviennent des filtres qui influencent ta perception du monde et de toi-même.

Identifier ces croyances est la première étape pour t'en libérer. Observe les pensées qui te retiennent, les jugements que tu portes sur toi-même ou sur ce que tu peux accomplir.

Puis challenge-les. Demande-toi : « Est-ce vraiment une vérité universelle ? » ou « Qu'est-ce qui me prouve le contraire ? »

Ce travail demande de la patience et de la bienveillance envers toi-même. En déconstruisant ces barrières mentales, tu ouvres la voie à plus de confiance, de liberté et d'opportunités.

Rappelle-toi : tes croyances ne te définissent pas. C'est à toi de choisir celles qui te servent et celles dont tu peux te détacher.

CLARIFIE TES PENSÉES

Prends le temps de t'arrêter et d'examiner ce qui se passe en toi avec honnêteté et sans jugement. Clarifier tes pensées, c'est comprendre ce qui te freine, ce qui t'anime, et ce qui mérite ton attention.

C'est dans cet espace de calme intérieur que tu peux identifier tes véritables motivations, dénouer les blessures encore présentes, et distinguer les chemins qui résonnent avec ta réalité profonde.

Ce travail demande du courage : affronter ce que tu découvres sans fuir ni te mentir. Mais c'est un acte essentiel d'amour envers toi-même, qui ouvre la voie à la transformation.

Ne cherche pas à résoudre tout d'un coup. Clarifier tes pensées est un processus, une conversation que tu entretiens avec toi-même jour après jour.

En t'accordant ce temps, tu te donnes les moyens d'avancer avec plus de clarté, de sérénité et d'authenticité.

TU MÉRITES D'ÊTRE AIMÉ(E)

Ne doute jamais que tu mérites d'être aimé(e), simplement parce que tu es toi. Sans condition, sans compromis.

Ton cœur porte en lui cette capacité immense d'aimer et d'être aimé(e) en retour. Parfois, il suffit de s'en souvenir, surtout quand la solitude ou la blessure se font sentir.

Tu es digne d'affection, de tendresse et de respect. L'amour que tu cherches à l'extérieur trouve toujours sa source première dans l'amour que tu t'accordes à toi-même.

Accueille cette vérité avec douceur, laisse-la réchauffer ton âme. Tu mérites d'être aimé(e), aujourd'hui, comme chaque jour qui suit.

UTILISE TA PAROLE AVEC INTÉGRITÉ

Les mots que tu choisis ont un pouvoir immense. Ils peuvent construire ou détruire, soigner ou blesser, rapprocher ou éloigner.

Être impeccable avec ta parole, c'est parler avec honnêteté, bienveillance et respect, envers toi-même comme envers les autres. C'est éviter les paroles blessantes, les jugements hâtifs ou les mensonges, même petits.

Quand tu utilises ta parole avec conscience, tu crées des relations plus sincères et solides, tu affirmes ta vérité sans nuire, et tu encourages la confiance.

Ta parole reflète qui tu es.
En lui accordant le soin qu'elle mérite,
tu renforces ton intégrité et ton pouvoir personnel.

TU MÉRITES MIEUX

Ne te contente jamais de moins que ce que tu vaux vraiment.
Tu mérites une vie où tu te sens respecté(e), écouté(e) et
pleinement reconnu(e).

Parfois, on accepte des situations, des relations ou des
comportements qui nous limitent ou nous blessent. Mais ce
n'est pas une fatalité.

Tu as en toi la force de choisir ce qui t'élève, ce qui nourrit ton
cœur et ton âme. Refuse de te laisser enfermer dans le
minimum quand l'abondance t'attend.

Rappelle-toi chaque jour : tu mérites mieux.
Plus de joie, plus de paix, plus d'amour.
Sois prêt(e) à recevoir ce que la vie a de meilleur pour toi.

TRANSFORME
TES DOUTES EN FORCE

Les doutes sont une part naturelle de toute quête de croissance. Ils peuvent peser lourd, mais ils révèlent surtout que tu cherches à comprendre, à avancer, à grandir.

Plutôt que de fuir ces doutes, accueille-les avec curiosité et bienveillance, sans jugement. Chaque doute recèle une question profonde, un besoin de clarté ou de sécurité.

En explorant ces zones d'incertitude, tu peux convertir cette hésitation en une énergie constructive. Tes doutes deviennent alors des alliés qui t'aident à progresser avec plus de lucidité et de confiance.

Rappelle-toi : c'est souvent dans l'incertitude que naît ta force la plus authentique. Ose regarder tes doutes en face, ils sont le tremplin indispensable vers ta transformation.

OSE QUITTER

Il arrive un moment où certaines personnes, situations ou habitudes cessent de nourrir ta vie et deviennent des poids inutiles. Rester attaché(e) à ce qui ne te sert plus freine ta croissance et ton bonheur.

Oser quitter, ce n'est pas un acte de faiblesse, mais un acte de courage et de respect envers toi-même. C'est reconnaître ta valeur et choisir de te libérer pour faire place à ce qui te fait grandir.

Cela peut faire peur, car le changement implique de l'inconnu. Mais rester dans un espace qui t'étouffe est bien plus lourd à porter que le saut vers la liberté.

Prends conscience de ce qui te retient, écoute ce que ton cœur te murmure. Puis fais ce choix puissant : dire oui à ta liberté, oui à ta paix intérieure, oui à une vie plus alignée.

Chaque pas vers la sortie de ce qui ne te sert plus est un pas vers toi-même, vers une vie pleine d'authenticité et de joie. Ose ce choix, tu le mérites.

ÉCOUTE TA PETITE VOIX

Cette voix douce, parfois discrète, qui murmure au creux de ton être est un trésor. Elle connaît ce qui est juste pour toi, même lorsque tout autour semble chaotique ou confus.

Prends le temps de la reconnaître et de lui accorder toute ton attention, sans distraction ni jugement. Elle t'oriente avec une sagesse profonde vers ce qui nourrit réellement ton cœur et ton âme.

Apprends à lui faire confiance, même lorsqu'elle te pousse à sortir de ta zone de confort. Cette petite voix est ton alliée la plus fidèle, celle qui éclaire ton chemin vers ta vérité authentique.

Chaque fois que tu choisis de l'écouter, tu avances un peu plus vers la paix intérieure et la clarté. Ne la laisse jamais se taire : elle parle pour ton bien.

DÉCODE TES SCHÉMAS RÉPÉTITIFS

Nos comportements et réactions ne sont pas toujours le fruit du hasard. Souvent, ils suivent des schémas anciens, acquis dès l'enfance, qui se répètent sans que tu t'en rendes compte.

Ces schémas peuvent te maintenir dans des situations frustrantes ou douloureuses, te pousser à reproduire les mêmes erreurs ou à choisir des relations qui ne te conviennent pas.

Prendre conscience de ces mécanismes est la première étape pour t'en libérer. Observe sans jugement les répétitions dans ta vie, les émotions ou pensées qui reviennent souvent.

Questionne-toi : d'où viennent ces habitudes ?
Quels besoins cherchent-elles à satisfaire ?

Déchiffrer ces schémas te donne le pouvoir de choisir autrement, de changer tes réactions et d'ouvrir la voie à de nouvelles expériences plus saines et épanouissantes.

Ce travail demande du temps et de la patience,
mais il est essentiel pour briser les cycles qui
t'empêchent d'avancer pleinement.

ACCUEILLE TA RÉSILIENCE

Ta résilience est cette force discrète mais puissante qui t'a permis de te relever encore et encore, malgré les tempêtes de la vie. Elle est souvent invisible, mais toujours là, prête à te soutenir.

Reconnais cette force en toi, honore-la pleinement. Chaque cicatrice, chaque défi surmonté a renforcé cette capacité unique à rebondir, à grandir.

Ne minimise jamais ce courage intérieur. Accueillir ta résilience, c'est accepter que tu es plus fort(e) que tu ne le crois, prêt(e) à avancer avec détermination, quoi qu'il arrive.

Cette force t'accompagne à chaque pas de ton chemin. Laisse-la te porter, et puise-y l'énergie pour continuer à écrire ton histoire, riche de toutes les batailles déjà gagnées.

GUÉRIS TES BLESSURES

Tes blessures, visibles ou cachées, témoignent de ta capacité à ressentir et à aimer. Elles ne définissent pas qui tu es, mais racontent ce que tu as traversé.

Accueille-les avec douceur, sans honte ni colère. Prends le temps de les écouter, car elles portent des messages essentiels pour ta guérison.

Guérir ne signifie pas oublier ou effacer, mais transformer la douleur en sagesse. C'est un chemin que tu fais à ton rythme, avec patience et bienveillance envers toi-même.

Sache que chaque pas vers la guérison te rapproche de la paix intérieure et d'une version plus légère de toi-même.
Tu mérites cette paix.

NE FAIS PAS DE SUPPOSITIONS

Faire des suppositions, c'est imaginer des histoires sans preuves réelles. Ces interprétations hâtives génèrent souvent anxiété, malentendus, et conflits inutiles.

Au lieu de te perdre dans des hypothèses, apprends à poser des questions précises et directes. Cherche la clarté avant de tirer des conclusions.

Cette démarche te permet d'éviter bien des souffrances créées par des idées fausses ou des jugements erronés. Elle ouvre la porte à une communication authentique et transparente.

Prendre l'habitude de vérifier ce que tu ignores,
plutôt que de remplir les blancs par peur ou doute,
te libère et renforce tes relations.

EXPRIME TES BESOINS

Tes besoins sont légitimes. Ils reflètent ce que ton cœur et ton corps réclament pour se sentir vivant(e), entendu(e) et en sécurité.

Il est crucial de les reconnaître, puis de les exprimer clairement, sans peur ni culpabilité. Tes besoins ne sont pas des caprices, mais des passerelles vers une vie authentique et épanouie.

Lorsque tu les communiques avec douceur et assurance, tu ouvres la voie à des relations plus vraies, respectueuses et nourrissantes. Tu prends soin de toi, tout en invitant les autres à faire de même.

Souviens-toi : prendre ta place commence par écouter ce que tu désires profondément et le dire avec confiance.

RENFORCE TON ESTIME

Ton estime de toi est le fondement sur lequel reposent ta confiance et ton bien-être. Elle ne dépend pas des jugements extérieurs, mais de la valeur que tu t'accordes sincèrement.

Prends le temps de te regarder avec compassion, de célébrer tes qualités et tes progrès, même les plus petits. Chaque effort, chaque réussite est une pierre ajoutée à cet édifice intérieur.

Quand tu renforces ton estime, tu poses des limites saines, tu dis non quand il le faut, et tu t'entoures de ce qui te fait grandir.

Sois patient(e) avec toi-même : l'estime se cultive jour après jour, avec douceur et bienveillance. Tu es digne de tout l'amour que tu peux t'offrir.

SOIS FIER(E) DE TOI

Regarde tout ce que tu as accompli, même les petites victoires que tu as tendance à oublier. Chaque pas en avant, chaque effort fourni, témoigne de ta force et de ta détermination.

Tu n'as pas besoin d'attendre la reconnaissance des autres pour célébrer qui tu es. Apprends à te regarder avec fierté, à reconnaître ta valeur et ton courage.

Dans les moments de doute, rappelle-toi que choisir de continuer chaque jour est déjà une victoire.

Sois fier(e) de toi, non pas pour ce que tu as fait, mais pour la personne que tu deviens.

NE TE COMPARE JAMAIS AUX AUTRES

Tu es unique, avec ton propre parcours, tes forces et tes défis. Te comparer aux autres ne fait que voiler ta lumière et te voler ta paix.

Chaque personne avance à son rythme, selon son histoire et ses aspirations. Ce qui est important, c'est de te concentrer sur ton propre chemin, sur tes progrès et ta croissance.

Accepte-toi pleinement, avec tes qualités et tes imperfections. Ce sont elles qui font ta richesse et ta beauté.

Rappelle-toi que la seule comparaison qui compte est celle que tu fais avec la personne que tu étais hier. Avance à ton rythme, en toute confiance.

PERMETS-TOI D'ÉCHOUER

L'échec n'est pas une fin, mais un passage, une étape nécessaire
sur le chemin de la réussite et de la croissance.

Autorise-toi à faire des erreurs, à tomber sans crainte du
jugement ou de la honte. Chaque échec est une leçon précieuse
qui t'enseigne ce qui fonctionne... et ce qui ne fonctionne pas.

En te permettant d'échouer, tu ouvres la porte à l'audace,
à la découverte et à l'apprentissage.
Tu deviens plus fort(e), plus sage, plus libre.

Souviens-toi : ta grandeur ne réside pas dans la perfection,
mais dans ta capacité à te relever et à avancer.

EXPRIME TA GRATITUDE

Prendre le temps de remercier, c'est ouvrir ton cœur à tout ce qui nourrit ta vie, même au milieu des épreuves.

La gratitude révèle ce qui est déjà présent, ces petits trésors du quotidien souvent invisibles. Elle transforme ton regard sur toi-même et sur le monde, apaise les tensions et fait grandir la joie.

Exprimer ta gratitude, c'est reconnaître ta force, ta résilience, et toutes les belles choses qui t'accompagnent, même quand elles passent inaperçues.

Fais-en une douce habitude : chaque jour, trouve au moins une chose pour laquelle tu es sincèrement reconnaissant(e). Ce simple geste a le pouvoir de transformer ta vie.

APPRENDS LE PARDON

Le pardon est un cadeau que tu t'offres, une clé essentielle pour ouvrir la porte de ta liberté intérieure.

Apprendre à pardonner ne signifie pas oublier ou excuser ce qui t'a blessé(e), mais choisir de ne plus laisser cette blessure contrôler ta vie.

Accorde-toi le pardon pour tes erreurs passées avec douceur, en reconnaissant que tu as fait de ton mieux avec ce que tu savais à ce moment-là.

Pardonne aux autres, non pour leur faire plaisir, mais pour te libérer de la colère et du poids qui te retiennent dans le passé.

Le pardon ouvre la voie à la paix intérieure, crée l'espace nécessaire à la guérison, et te permet d'avancer plus léger(ère) vers un futur apaisé.

CULTIVE TA DÉTERMINATION

La détermination est la force tranquille qui te pousse à avancer malgré les obstacles et les doutes.

Chaque jour, choisis de nourrir cette énergie en te rappelant pourquoi tu as commencé, en te concentrant sur ce qui compte vraiment pour toi.

Les moments difficiles sont des occasions de renforcer ta volonté, de grandir en confiance et en résilience.

Sois patient(e) avec toi-même, célèbre chaque petite victoire, et garde le cap avec persévérance.

Cultiver ta détermination, c'est t'offrir la clé pour transformer tes rêves en réalité.

RESPECTE-TOI

Te respecter, c'est reconnaître ta propre valeur et poser des limites claires. C'est te montrer à toi-même que tu mérites d'être traité(e) avec douceur et considération.

Ce que tu acceptes pour toi-même, les autres le prendront comme une invitation. Si tu ne te respectes pas, personne ne te respectera. Si tu te rabaisses, les autres en feront de même, car c'est toi qui leur montres par tes agissements comment ils doivent te traiter.

Respecter ton corps, tes émotions, et tes besoins, c'est envoyer un message clair : « Je mérite le meilleur, et je refuse d'être traité(e) autrement. »

C'est ainsi que tu bâtis une vie où les relations sont sincères, justes, et nourrissantes. Ne doute jamais que le respect de soi est la première pierre pour que les autres te respectent vraiment.

Chapitre 3

Joie & Créativité

AUTORISE-TOI À RÊVER

Rêver, c'est te permettre d'imaginer ce que tu souhaites vraiment, sans te censurer ni te juger. C'est un espace libre où tout est possible, même ce qui semble loin aujourd'hui.

N'hésite pas à laisser ces idées grandir en toi, même si elles te paraissent irréalistes ou compliquées. Chaque rêve est un moteur qui peut te guider vers des choix plus vrais et plus satisfaisants.

Rêver, c'est te donner la force d'avancer, un pas après l'autre, vers ce qui te rend heureux(se). Chaque rêve que tu nourris est une graine plantée dans ton esprit, prête à éclore avec le temps, la patience et l'action.

Ose rêver sans limite, sans jugement, et laisse-toi porter par cette énergie qui fait vibrer ta vie et inspire ceux qui t'entourent.

DÉPLOIE TA CRÉATIVITÉ

Ta créativité est un cadeau unique qui attend d'être exploré et exprimé. Elle ne se limite pas à l'art ou à la musique ; elle est présente dans chaque idée, chaque solution, chaque façon de voir le monde.

Laisse-toi la liberté d'expérimenter, de faire des erreurs, de sortir des sentiers battus. C'est dans cette exploration que ta créativité prend vie et grandit.

N'aie pas peur du jugement ou de la comparaison. Ce que tu crées est authentique parce qu'il vient de toi, avec toutes tes couleurs et ta sensibilité.

Chaque geste créatif, même le plus simple, nourrit ton âme et te rapproche de ta vérité. Alors, déploie ta créativité pleinement, elle est une source de joie et de transformation.

DANSE AVEC L'INATTENDU

La vie est pleine d'imprévus, de surprises qui remettent en question nos plans et nos certitudes. Plutôt que de résister, apprends à accueillir ces instants avec souplesse et ouverture.

Danser avec l'inattendu, c'est accepter le changement comme une chance de grandir et de découvrir de nouvelles facettes de toi-même. C'est trouver l'équilibre entre ce que tu peux contrôler et ce qui échappe à ta volonté.

Chaque surprise, chaque détour peut devenir une opportunité, si tu choisis de les affronter avec curiosité et confiance.

Lâche prise sur la peur de ne pas tout maîtriser. Ouvre-toi au rythme imprévisible de la vie. Apprends à danser avec ses pas, même ceux que tu n'avais pas anticipés.

VIS L'ABONDANCE

L'abondance ne se limite pas à posséder beaucoup de choses.
C'est avant tout ressentir que la vie t'offre suffisamment, assez
d'amour, de temps, de joie, et de ressources
pour avancer sereinement.

Tu mérites de vivre pleinement, sans te restreindre ni t'installer
dans le manque. Ouvre-toi à tout ce que la vie peut t'offrir,
même lorsque cela semble hors de portée.

Reconnais les richesses qui t'entourent, visibles ou invisibles,
grandes ou petites. Cette conscience profonde crée un espace
fertile pour attirer davantage de bienfaits dans ta vie.

Vis avec confiance, en acceptant que l'abondance est déjà
présente, prête à te soutenir.
Accueille-la pleinement, car tu es digne de la recevoir.

EXPLORE TA CURIOSITÉ

Ta curiosité est une force puissante qui t'ouvre au monde et à toi-même. C'est elle qui te pousse à poser des questions, à chercher des réponses, à t'aventurer au-delà de tes certitudes.

Ne laisse jamais cette étincelle s'éteindre, même lorsque tu crois tout savoir ou que l'inconnu te fait peur. C'est en cultivant ta curiosité que tu continues à grandir et à t'épanouir.

Permets-toi d'explorer sans jugement, de t'émerveiller devant chaque découverte et d'apprendre de chaque expérience, bonne ou difficile.

Ta curiosité est un guide précieux, éclairant ton chemin vers des horizons inattendus et riches de sens. Suis-la sans hésiter.

RIS DE TOI-MÊME

Savoir rire de soi est un signe de sagesse et de légèreté. Ce n'est pas minimiser tes difficultés, mais les regarder avec un recul bienveillant et une douceur apaisante.

Quand tu réussis à te sourire dans les moments compliqués, tu crées un espace où la tension se relâche et où la paix peut s'installer.

Personne n'est parfait(e), et c'est précisément cette humanité qui nous rend beaux, vrais et uniques. Accepte tes maladresses, tes erreurs, et accueille-les avec humour.

Rire de toi-même, c'est t'offrir un cadeau précieux : celui de ne pas te prendre trop au sérieux, tout en avançant avec confiance et légèreté.

RESPECTE TON RYTHME

Chacun(e) avance à son propre tempo, et c'est non seulement normal, mais essentiel. Il n'y a ni course à gagner, ni calendrier universel à suivre.

Accueille le besoin parfois vital de ralentir, de te ménager, de te reconnecter à toi-même. Prends ce temps pour respirer, te ressourcer, simplement être.

Respecter ton rythme, c'est te donner la permission d'avancer sans te brusquer, avec patience et bienveillance. C'est honorer ton corps, ton esprit et ton cœur dans leur juste mesure.

En acceptant ce tempo unique, tu te préserves de l'épuisement, tu évites la frustration, et tu bâtis une vie équilibrée et authentique, une vie où chaque pas, aussi modeste soit-il, a une vraie valeur.

Chapitre 4

Liens & Soutien

ENTOURE-TOI
DES BONNES PERSONNES

Les personnes autour de toi façonnent ton bien-être et ta vision du monde. Souviens-toi : tu deviens la moyenne des gens que tu fréquentes, alors choisis judicieusement ton entourage.

Entoure-toi de celles et ceux qui te respectent, t'encouragent et te font grandir.

Tu mérites des relations sincères, basées sur l'écoute et la bienveillance. Éloigne-toi de celles qui te rabaissent ou font douter de ta valeur.

Sois authentique et généreux(se) : c'est ainsi que tu attireras naturellement des personnes qui vibrent à ta fréquence.

Créer un cercle solide de soutien te donne les meilleures chances de t'épanouir et d'avancer sereinement.

TISSE DES LIENS VRAIS

Les relations profondes et sincères sont une source de force et de réconfort. Prends le temps de créer des liens basés sur la confiance, l'écoute et le respect mutuel.

Ce n'est pas la quantité qui compte, mais la qualité des connexions. Un lien vrai te soutient dans les moments difficiles et célèbre avec toi tes joies.

Sois présent(e) avec authenticité, partage tes pensées et tes émotions sans masque. C'est ainsi que tu invites les autres à faire de même.

Cultiver des liens vrais, c'est bâtir un réseau de soutien solide qui enrichit ta vie et nourrit ton cœur.

ACCUEILLE LA COMPASSION

La compassion commence par la douceur que tu t'accordes à toi-même. Apprends à te regarder avec compréhension, sans jugement ni exigence excessive.

Cette bienveillance intérieure te permet ensuite d'ouvrir ton cœur aux autres, de les écouter avec empathie et sans précipitation.

Accueillir la compassion, c'est reconnaître la souffrance, la fatigue, et les fragilités, chez toi comme chez les autres, sans chercher à les effacer à tout prix.

C'est un lien profond qui apaise,
soulage et renforce la confiance entre les êtres.
Offre-toi et offre aux autres cette présence essentielle.

OFFRE ET REÇOIS

Donner et recevoir sont les deux faces d'une même énergie.
Offrir avec sincérité nourrit autant ton cœur que celui des
autres.

Apprends à donner sans attendre en retour, avec générosité et
authenticité. C'est la base des liens solides et vrais.

Mais n'oublie pas de recevoir aussi : accepter l'aide, la
gentillesse, les attentions n'est pas une faiblesse, mais un signe
de confiance et de respect envers toi-même.

Trouver cet équilibre entre offrir et recevoir ouvre la porte à
des relations riches, où chacun(e) trouve sa place et
se sent soutenu(e).

CULTIVE L'EMPATHIE

L'empathie, c'est cette capacité précieuse à te mettre véritablement à la place des autres, à ressentir ce qu'ils vivent sans jugement ni critique.

Prends le temps d'écouter vraiment, de laisser parler le silence entre les mots, d'accueillir ce qui se cache derrière leurs émotions, souvent non dites.

C'est en t'ouvrant sincèrement à cette connexion que tu bâtis des relations solides et profondes, fondées sur la compréhension authentique et le respect mutuel.

Cultiver l'empathie, c'est aussi t'accorder à toi-même la même patience et douceur que tu offres aux autres, avec leurs failles, comme avec les tiennes.

ÉCOUTE VRAIMENT

Écouter vraiment, ce n'est pas simplement entendre des mots. C'est accueillir l'autre dans toute sa vérité, avec une présence totale et une attention sincère.

Trop souvent, quand on croit écouter, on prépare déjà la réponse, sans saisir pleinement ce que l'autre exprime. L'écoute active exige de mettre de côté ses propres pensées pour être entièrement disponible à l'autre.

En écoutant ainsi, tu affirmes le respect que tu portes à l'autre, et tu reconnais la valeur de ses émotions. C'est ainsi que se construit un lien de confiance profond et authentique.

Cultive cette écoute attentive. C'est un cadeau rare, bénéfique autant pour ceux que tu écoutes que pour toi-même.

RECONNECTE AVEC LA NATURE

La nature est un sanctuaire puissant, une source profonde de calme et de régénération. Elle t'offre un refuge où apaiser ton esprit et clarifier tes pensées.

Prends le temps de t'immerger pleinement dans ses rythmes, d'observer ses détails simples et vivants : le souffle du vent dans les feuilles, le chant subtil des oiseaux, la douceur de la lumière du soleil.

Cette reconnexion t'aide à ralentir, à te détacher du stress et de l'agitation du quotidien, pour retrouver un lien précieux avec toi-même.

En te reliant à la nature, tu restaures un équilibre vital qui nourrit ton corps, apaise ton esprit et ouvre ton cœur.

Fais de ces moments un rituel régulier : ils sont une source inépuisable de force et de sérénité.

BÂTIS LA CONFIANCE MUTUELLE

La confiance ne tombe pas du ciel, elle se construit patiemment, par des actes concrets et réguliers. Être fiable, c'est respecter ses engagements, être honnête même quand c'est difficile, et montrer ta présence sincère à l'autre.

Une communication claire et sincère est essentielle : exprime tes pensées, tes limites, et aussi tes erreurs. Cela aide chacun(e) à mieux comprendre l'autre et évite les malentendus.

Écoute activement, sans jugement, pour que l'autre se sente véritablement entendu(e). Crée un espace où la vulnérabilité peut s'exprimer sans crainte.

Bâtir la confiance mutuelle, c'est s'engager dans une relation équilibrée, fondée sur le respect et le soutien réciproque. Ce socle solide permet aux liens de durer et de s'approfondir, même face aux défis.

CRÉE DES SOUVENIRS PRÉCIEUX

Les souvenirs que tu construis avec les personnes qui comptent
sont des trésors qui nourrissent ton cœur,
surtout dans les moments difficiles.

Prends le temps de vivre pleinement chaque instant partagé, de
t'impliquer avec attention et présence. Ce sont ces moments
simples, souvent inattendus, qui deviennent les plus précieux.

N'hésite pas à créer des rituels, des habitudes qui renforcent
les liens et la joie commune :
un repas, une promenade, une conversation sincère.

Ces souvenirs forgent ton histoire et te rappellent que tu n'es
pas seul(e). Ils t'apportent chaleur et force quand la vie se fait
plus lourde. Cultive-les avec soin, ils sont un refuge et une
lumière dans ton parcours.

CHOISIS LA BIENVEILLANCE

La bienveillance est un choix conscient que tu peux faire chaque jour, envers toi-même et envers les autres.

Elle commence par la douceur que tu t'accordes, en acceptant tes limites sans te juger. Prendre soin de toi avec patience et compassion est la première étape.

Appliquer la bienveillance dans tes relations, c'est écouter avec attention, répondre avec gentillesse, et offrir du soutien sans attendre de retour.

Choisir la bienveillance, c'est aussi savoir pardonner, laisser passer les erreurs, et favoriser l'harmonie plutôt que le conflit.

En faisant ce choix, tu crées autour de toi un environnement plus apaisant et nourrissant, qui te permet de grandir sereinement.

POSE DES LIMITES SAINES

Poser des limites claires est essentiel pour préserver ton bien-être et tes ressources. Cela signifie savoir dire non quand une situation ou une demande ne te convient pas,
sans culpabilité ni peur.

Les limites te protègent du surmenage, des relations toxiques et des situations qui ne respectent pas tes valeurs. Elles sont une façon de te respecter toi-même et de montrer aux autres comment tu souhaites être traité(e).

Savoir poser des limites demande de la clarté sur ce que tu acceptes et ce que tu refuses. Cela implique aussi d'être ferme tout en restant respectueux(se) dans ta communication.

En établissant ces frontières, tu crées un espace sain où tu peux t'épanouir et où tes relations gagnent en authenticité
et en équilibre.

Chapitre 5

Foi en l'Avenir

TROUVE TA VOIE

Trouver ta voie, c'est d'abord écouter ce qui résonne profondément en toi, au-delà des attentes des autres ou des pressions extérieures.

Ce chemin est unique, il ne se compare pas à celui des autres. Il peut évoluer, se transformer au fil du temps, et c'est normal.

Accorde-toi la patience de découvrir ce qui te passionne, ce qui te fait sentir vivant(e) et aligné(e). Essaie, expérimente, apprends de chaque expérience.

Ta voie se construit jour après jour, avec confiance et curiosité. Même si elle semble floue aujourd'hui, chaque pas que tu fais t'en rapproche un peu plus.

Sois à l'écoute de ton cœur,
il connaît le chemin que tu es prêt(e) à emprunter.

FAIS CONFIANCE À TON DESTIN

La vie ne suit pas toujours le plan que tu avais tracé, et il est naturel de ressentir des doutes, de la peur face à l'inconnu. Pourtant, ton destin est un chemin vivant, façonné par chaque choix, chaque défi, chaque expérience.

Faire confiance à ton destin, c'est accepter que tout ce qui t'arrive a une raison, même si elle reste invisible pour l'instant. Chaque épreuve, même la plus difficile, te prépare à quelque chose de plus grand, de plus vrai.

Tu n'es pas seul(e) à porter ce poids. Lâcher prise, c'est offrir à la vie la liberté de te surprendre, de t'emmener vers ce pour quoi tu es vraiment fait(e).

Accueille cette confiance, celle en toi et en ton parcours. Quand le chemin semble incertain, rappelle-toi que tu portes en toi la force de continuer. Chaque pas, aussi hésitant soit-il, te rapproche de ta vérité profonde.

TROUVE TON ÉQUILIBRE
ENTRE CŒUR ET RAISON

Prendre des décisions uniquement avec le cœur ou uniquement avec la raison peut te déséquilibrer. L'un sans l'autre te prive soit d'authenticité, soit de clarté.

Trouver cet équilibre, c'est apprendre à écouter tes émotions sans te laisser submerger, et à utiliser ta raison sans oublier ce que tu ressens profondément.

Cela demande de la pratique : reconnaître quand il est temps de suivre ton intuition et quand il faut analyser calmement la situation.

Quand ton cœur et ta raison travaillent ensemble, tu choisis avec justesse ce qui est le mieux pour toi, dans le respect de tes valeurs et de tes besoins.

Cet équilibre t'offre une stabilité intérieure qui te guide sereinement, même dans les situations complexes ou incertaines.

TOUT VA BIEN SE PASSER

Dans les moments où tout semble incertain, où le poids des doutes et des peurs t'accable, rappelle-toi cette vérité essentielle : tout va bien se passer.

Ce n'est pas un vœu naïf, mais une certitude profonde ancrée en toi. La vie, avec ses hauts et ses bas, suit un rythme qui finit toujours par rétablir l'équilibre.

Tu as déjà surmonté des épreuves, traversé des tempêtes. Ce que tu vis aujourd'hui est une étape, pas une fin. Chaque difficulté porte en elle une graine de transformation et de renouveau.

Lâche prise sur la peur du pire. Accueille ce qui vient avec confiance, même si tu ne vois pas encore la lumière au bout du tunnel. Ta force intérieure est plus grande que tu ne le crois.

Garde cette conviction comme un phare intérieur : quoi qu'il arrive, tout va bien se passer. Elle t'accompagnera, t'éclairera et te portera dans chaque moment difficile.

CROIS EN
LA PERSONNE FAITE POUR TOI

Quelqu'un, quelque part, existe pour toi — une personne qui te correspond profondément. Que tu l'aies déjà rencontrée ou que tu sois encore en chemin, garder foi en cette connexion est essentiel.

Cette personne t'aimera pour ce que tu es, dans toute ton authenticité.

Croire en elle, c'est garder l'espoir même quand la route semble longue ou semée d'embûches. Ce n'est pas une attente passive, mais une confiance active en la vie et en ses surprises.

Continue à prendre soin de toi, à grandir, à t'ouvrir. C'est en étant pleinement toi-même que tu attires la relation sincère et respectueuse que tu mérites.

Sois patient(e) et persévérant(e). L'amour véritable ne se force pas, il se construit et se révèle au bon moment.

DONNE DU SENS À TES PAS

Chaque pas que tu fais a de la valeur, surtout lorsque tu sais clairement pourquoi tu avances. Prends le temps d'identifier ce qui est vraiment important pour toi,
ce qui alimente ta motivation profonde.

Quand tes actions sont alignées avec tes valeurs, tu gagnes en énergie, en clarté et en confiance. Même les plus petits choix quotidiens deviennent des fondations solides
qui te font progresser.

Si tu te sens perdu(e), recentre-toi sur ce qui te porte, sur ce qui donne un vrai sens à ta vie et à tes projets.

Donne un but conscient à chacun de tes pas. C'est ainsi que tu bâtis un chemin authentique, solide, capable de te mener là où tu veux réellement aller.

OSE UN NOUVEAU DÉPART

Il n'est jamais trop tard pour recommencer, pour tourner la page et choisir une nouvelle direction.

Parfois, le courage d'un nouveau départ est la clé pour sortir d'une situation qui ne te convient plus. Cela demande de la confiance en toi et en la vie, même si l'inconnu fait peur.

Sache que chaque expérience, même difficile, t'a préparé(e) à ce moment. Tu as en toi les ressources pour faire ce pas, petit ou grand.

Oser recommencer, c'est te donner la chance de construire une vie plus alignée avec qui tu es vraiment.
Ne laisse pas la peur te retenir.

Tu mérites ce nouveau chapitre.

ANCRE-TOI DANS L'ESPÉRANCE

L'espérance n'est pas une simple attente, c'est une force profonde, un pilier qui te soutient dans l'adversité la plus sombre. Elle est la conviction inébranlable que, malgré les tempêtes, un avenir meilleur t'attend.

S'ancrer dans l'espérance, c'est choisir consciemment de voir au-delà des obstacles, de fixer ton regard vers la lumière quand tout autour semble s'effondrer.

Ce n'est pas nier la réalité, mais affronter chaque défi avec la certitude que tu as en toi la puissance de le surmonter.

Porté(e) par cette espérance, tu trouves l'énergie de te relever, de persévérer quand tout invite à abandonner, et d'ouvrir ton cœur à ce qui peut encore émerger de beau et de vrai.

MAÎTRISE LE POUVOIR DE TA PENSÉE

Tes pensées façonnent ta réalité. Elles influencent profondément la manière dont tu ressens le monde, dont tu réagis, dont tu avances. Elles peuvent être tes plus grandes alliées ou tes pires ennemies, souvent invisibles.

Lorsque tu nourris ton esprit de pensées positives, constructives et en accord avec ce que tu souhaites vraiment, tu bâtis un terrain fertile pour la confiance, la motivation et la réussite.

À l'inverse, les pensées négatives, les doutes persistants et les croyances limitantes agissent comme des chaînes qui te maintiennent prisonnier(ère) de la peur, de l'immobilisme et du doute.

Maîtriser ta pensée ne veut pas dire ignorer les difficultés, mais choisir consciemment où porter ton attention, comment interpréter les événements, et quels scénarios autoriser dans ton esprit.

En devenant acteur(trice) de tes pensées, tu transformes ton monde intérieur, et inévitablement, ta vie extérieure. Ce pouvoir est réel, et il est entre tes mains.

CONSTRUIS TA LÉGENDE

Ta vie est le résultat de tes choix et de tes actions. Ce n'est pas la reconnaissance des autres qui définit ta valeur, mais ta capacité
à rester fidèle à toi-même.

Chaque épreuve que tu traverses, chaque obstacle que tu franchis, forge ta force et révèle ton vrai caractère. Tu as entre tes mains le pouvoir absolu de prendre le contrôle de ton histoire, de façonner ton destin selon ta propre vision.

Construis ta légende avec audace, clarté et authenticité. Ne laisse jamais personne écrire ton histoire à ta place. Ta plus grande victoire sera d'avoir osé vivre une vie qui t'appartient vraiment, une vie qui inspire, transforme, et résonne bien au-delà de toi.

EXPLORE TON POTENTIEL

Ton potentiel ne se mesure pas seulement à ce que tu sais faire aujourd'hui, mais à tout ce que tu es capable d'apprendre et de devenir. Il est souvent caché derrière tes peurs, tes doutes, ou tes habitudes.

Pour l'explorer, il faut accepter d'essayer, même sans garantie de réussite. Chaque nouvelle expérience est une opportunité d'élargir ta zone de confort et de découvrir des ressources insoupçonnées en toi.

Ne te limite pas aux jugements que tu portes sur toi-même ou aux opinions des autres. Ton potentiel est un territoire en mouvement, qui grandit à chaque défi relevé et à chaque effort consenti.

Lorsque tu fais le choix conscient d'explorer ce potentiel, tu actives un moteur puissant qui te pousse à avancer, à te dépasser et à construire la vie que tu souhaites vraiment.

Cette exploration n'est pas toujours facile, elle demande du courage et de la patience, mais elle est essentielle pour que tu puisses t'épanouir pleinement. Rappelle-toi que tu n'es pas défini(e) par ton passé ni par tes limites actuelles.

Le potentiel qui sommeille en toi est immense. Ose le réveiller, cultive-le, et laisse-le te guider vers ce que tu es réellement capable d'accomplir. C'est là que réside ta vraie force.

FAIS CONFIANCE À TON INTUITION

Ton intuition est cette voix intérieure puissante qui sait, sans avoir besoin de mots ni d'explications. Elle puise dans ton expérience, tes émotions, et ta connexion profonde à toi-même.

Apprends à l'écouter avec attention, surtout dans les moments de doute ou d'incertitude. Elle te guide vers des choix justes, même lorsque la raison vacille ou se perd dans le brouillard.

Ne rejette jamais ce sentiment instinctif sous prétexte qu'il échappe à la logique. Ton intuition est un outil essentiel pour naviguer dans la complexité de la vie, un phare fiable au milieu du tumulte.

Donne-lui de l'espace, différencie-la du bruit mental. Plus tu lui permets de s'exprimer, plus ta capacité à prendre des décisions alignées avec tes valeurs et tes besoins profonds s'affine.

Ton intuition est ta boussole intérieure. Apprends à la reconnaître, à la respecter, et à la suivre, même quand le chemin paraît incertain. Elle est là pour te conduire vers ce qui est véritablement juste pour toi.

RAPPELLE-TOI QUE
TU N'ES PAS SEUL(E)

Dans les moments de doute, de peur ou de solitude, il est facile de croire que tu portes seul(e) le poids du monde.
Mais ce n'est pas la vérité.

Tu n'es jamais vraiment seul(e), même si cela peut parfois sembler ainsi. Autour de toi, il y a toujours des personnes prêtes à t'écouter, à te soutenir, à marcher à tes côtés, famille, amis, ou même inconnus partageant des expériences similaires.

Ouvre ton cœur et ta parole. Demander de l'aide n'est pas un signe de faiblesse, mais un acte de courage et de force.

Souviens-toi que les liens humains sont des ressources essentielles pour traverser les épreuves. Tu es entouré(e), soutenu(e) et compris(e), même quand ce n'est pas immédiatement visible.

Tu n'es pas seul(e).
Que cette vérité devienne ton ancre,
ton refuge dans les tempêtes.

Chapitre 6

Passage à l'Action

SAISIS CHAQUE OPPORTUNITÉ

Les opportunités ne se présentent pas toujours sous la forme spectaculaire que tu imagines. Parfois, elles sont petites, discrètes, voire presque invisibles.

Apprends à les repérer, à rester attentif(ve) aux signes et aux moments qui ouvrent de nouvelles portes. Ne les laisse pas filer par peur, doute ou hésitation.

Agir, c'est parfois sortir de ta zone de confort, prendre des risques. Mais c'est le seul chemin pour avancer et te rapprocher de ce que tu désires profondément.

Saisir une opportunité ne veut pas dire accepter tout et n'importe quoi, mais dire oui à ce qui résonne avec toi et t'aide à grandir

N'oublie pas que chaque action, même petite, est un pas vers ta transformation. Ose saisir ces instants, ils sont des tremplins pour ton avenir.

AGIS EN ACCORD AVEC TES OBJECTIFS

Définir clairement tes objectifs est essentiel. Ce ne sont pas des rêves flous, mais des repères précis qui guident chacune de tes décisions et actions.

Tes objectifs deviennent le phare qui éclaire ta route. Ils donnent un sens profond à tes efforts, te soutiennent dans les moments de doute, et te permettent de rester concentré(e) malgré les distractions ou les obstacles.

Agir en accord avec tes objectifs, c'est oser faire des choix parfois difficiles, sortir de ta zone de confort, et renoncer à ce qui ne te rapproche pas de ce que tu veux vraiment accomplir. C'est affirmer ta volonté et ta détermination.

Chaque action alignée avec tes objectifs est une pierre posée sur le chemin de ta réussite. Ne laisse jamais la peur ou l'opinion des autres te détourner de ce qui compte vraiment pour toi.

Ton avenir se construit aujourd'hui, à chaque pas conscient.
Prends les rênes, suis tes objectifs,
et deviens l'architecte de ta vie.

ACCUEILLE LE CHANGEMENT

Le changement est une constante inévitable de la vie, même lorsqu'il bouleverse tes repères ou suscite la peur.
Il peut déstabiliser tes habitudes, remettre en question tes certitudes, mais c'est aussi un puissant levier de transformation et de croissance.

Accueillir le changement, ce n'est pas subir l'inconnu en te laissant envahir par l'anxiété ou la résistance.
C'est choisir consciemment d'ouvrir ton esprit, de percevoir chaque transformation comme une opportunité d'apprentissage et d'évolution.

Au lieu de lutter contre ce qui surgit, décide de t'adapter, d'observer avec curiosité ce que cette nouveauté peut t'apporter. Souvent, le changement déverrouille des portes que tu n'aurais jamais osé franchir autrement.

Savoir accueillir le changement te libère de la peur de l'avenir et t'insuffle la force nécessaire pour avancer avec confiance, quelles que soient les épreuves.

REPROGRAMME TON ESPRIT
POUR CHANGER TA VIE

Ton cerveau est un organe incroyablement adaptable. Grâce à la neuroplasticité, il peut se réorganiser, créer de nouvelles connexions, et modifier ses circuits, même à l'âge adulte.

Cela signifie que tes pensées, tes habitudes et tes croyances ne sont pas figées. Tu as le pouvoir de changer ta manière de penser et de ressentir en entraînant ton esprit différemment.

Reprogrammer ton cerveau, c'est identifier les schémas négatifs ou limitants, et les remplacer par des pensées et comportements qui te soutiennent et te renforcent.

Ce processus demande de la répétition, de la patience, et une intention claire, mais il ouvre la porte à une transformation profonde et durable.

En prenant conscience de ce potentiel, tu deviens acteur(trice) de ta vie, capable de te libérer des conditionnements passés et de créer une réalité qui te correspond vraiment.

TRANSFORME L'OBSTACLE

Les obstacles font partie du chemin. Ils peuvent sembler bloquer ta route, te ralentir ou te décourager.

Mais chaque obstacle porte en lui une opportunité : celle de grandir, d'apprendre, et de découvrir des ressources en toi que tu ne soupçonnais pas.

Plutôt que de lutter contre ce qui te freine, regarde-le autrement. Demande-toi ce qu'il peut t'enseigner ou comment il peut t'aider à devenir plus fort(e).

Transformer un obstacle, c'est changer de perspective, trouver une nouvelle voie ou un nouvel équilibre. C'est utiliser ce qui semblait te freiner comme un levier pour avancer.

Souviens-toi : ce sont souvent les défis qui façonnent ta force et ta résilience. Apprends à les accueillir, à les comprendre, et à les dépasser.

MANIFESTE CE QUE TU DÉSIRES

Manifester, ce n'est pas attendre passivement que les choses arrivent. C'est poser des intentions claires, agir en cohérence avec elles, et garder la foi en tes capacités.

Commence par définir précisément ce que tu veux, sans te limiter par les peurs ou les doutes. Visualise-le, ressens-le comme déjà là.

Ensuite, fais chaque jour un pas concret vers cette réalité, même petit. Ce sont ces actions régulières qui construisent ton avenir.

Manifester, c'est aussi savoir accueillir les signes, rester ouvert(e) aux opportunités et ajuster ton chemin quand c'est nécessaire.

Garde confiance : ce que tu désires est à portée de main, à condition que tu agisses avec détermination et sincérité.

CHANGE UNE HABITUDE, CHANGE TA VIE

Nos vies sont façonnées par nos habitudes, ces actions répétées chaque jour souvent sans conscience. Elles influencent ta façon de penser, de ressentir et d'agir, et au final, la qualité de ta vie.

Changer une seule habitude, même petite, peut déclencher un effet boule de neige puissant. Cette transformation peut améliorer ta confiance, ta santé, ta productivité ou ton bien-être émotionnel.

Le véritable secret réside dans la régularité et la douceur envers toi-même. Ce n'est pas la perfection qui compte, mais la constance, même modeste, dans la durée.

Identifie une habitude qui ne te sert plus ou une nouvelle qui t'inspire. Engage-toi à la pratiquer chaque jour, sans pression, avec patience et bienveillance.

Peu à peu, cette simple action deviendra un levier puissant qui transformera ton quotidien et ta vie entière.
Change une habitude, change ta vie.

LANCE-TOI,
MÊME IMPARFAIT(E)

Attendre d'être parfait(e) ou de tout maîtriser avant d'agir est souvent un frein plus grand que la peur elle-même.

Accepte que l'imperfection fait partie du processus d'apprentissage et de croissance. Chaque erreur est une opportunité d'ajuster ta trajectoire et de devenir meilleur(e).

Lance-toi avec ce que tu as, là où tu es, sans attendre des conditions idéales qui ne viendront peut-être jamais.

Le simple fait de commencer, même imparfait(e), te met en mouvement et crée l'élan nécessaire pour avancer.

Ose faire ce premier pas. C'est souvent le plus difficile, mais aussi le plus décisif.

CULTIVE LA DISCIPLINE DOUCE

La discipline n'est pas une contrainte dure ou une source de souffrance. Elle peut être douce, respectueuse de ton rythme et de tes besoins.

C'est la capacité à persévérer régulièrement, même par petits pas, sans te brusquer ni te culpabiliser.

Une discipline bienveillante te permet de rester engagé(e) envers tes objectifs tout en prenant soin de toi. Elle t'aide à avancer avec constance, sans pression excessive ni épuisement.

Apprends à écouter ton corps et ton esprit, à adapter tes efforts quand c'est nécessaire, et à célébrer chaque progrès.

La discipline douce est un allié puissant pour transformer tes rêves en réalité, en harmonie avec ta nature.

TRANSFORME TES RÊVES EN RÉALITÉ

Rêver est essentiel, mais c'est l'action qui donne vie à ces rêves. Chaque idée, chaque désir mérite d'être porté par des gestes concrets.

Commence par définir ce que tu veux vraiment, au-delà des désirs superficiels ou des attentes extérieures. Puis, établis un plan simple et réaliste pour avancer. Interroge-toi sur ce qui nourrit ton épanouissement et ta joie. N'attends pas la perfection, chaque petit pas compte.

Formule ton intention avec précision et affirmation, comme si elle était déjà accomplie, en utilisant un langage positif et présent, sans place au doute. Ressens-la pleinement, visualise-la, connecte ton énergie à ce que tu souhaites manifester.

Mais l'intention seule ne suffit pas. Elle doit s'accompagner d'actions alignées, même petites et régulières, qui concrétisent ce que tu veux voir grandir.

Sois prêt(e) à ajuster ta trajectoire face aux imprévus, tout en gardant le cap sur ton objectif. La persévérance est la clé pour transformer tes envies en résultats tangibles.

Souviens-toi que les rêves deviennent réalité quand tu t'engages pleinement, avec patience et confiance, à faire ce qui dépend de toi.

Ne sous-estime jamais la puissance d'un petit pas aujourd'hui : c'est lui qui construit ton avenir.

FAIS TOUJOURS DE TON MIEUX

Faire de ton mieux signifie mobiliser toutes tes ressources, tes compétences et ton énergie disponibles à l'instant présent, sans te comparer aux autres ni exiger la perfection.

Ton "mieux" variera selon ton état physique, émotionnel et mental. Accepte ces fluctuations sans te juger ni te décourager.

C'est en maintenant cette constance, même dans les petits efforts quotidiens, que tu crées un véritable progrès durable.

Plutôt que de viser l'idéal inaccessible, concentre-toi sur ce que tu peux faire ici et maintenant.
C'est cette discipline bienveillante qui te permettra d'atteindre tes objectifs et de construire ta confiance.

Le chemin parcouru au fil de ces pages
n'est pas une fin en soi, mais un nouveau départ.

Un appel à te reconnecter à ta force, à ta vérité,
et à avancer avec une confiance profondément renouvelée.

Souviens-toi : la transformation ne naît pas d'un instant,
mais de la somme de tous les petits choix
que tu fais chaque jour.

Accueille ces enseignements, fais-les tiens,
et avance avec constance et détermination.

Tu n'es jamais seul(e) dans ce voyage.
La force que tu as réveillée en toi est là, prête à te porter,
même quand le chemin semble difficile.

Merci d'avoir partagé ce chemin avec moi.
Que cette énergie t'accompagne et t'inspire,
aujourd'hui, demain, et pour toujours.

POURSUIS TON CHEMIN VERS
LA SÉRÉNITÉ ET LA CONFIANCE.

Pour t'aider à aller plus loin dans ta transformation, je t'offre un cadeau exclusif :

"Les 3 déclics pour transformer ton mindset", un ebook pratique qui t'accompagne pas à pas pour installer un état d'esprit puissant et durable.

Mais ce n'est pas tout. Je t'invite également à découvrir d'autres outils soigneusement conçus pour nourrir ton bien-être et soutenir ta croissance au quotidien.

Scanne les QR codes pour y accéder directement.

Journal de gratitude
Un compagnon quotidien, simple et puissant, pour cultiver la reconnaissance, apaiser l'esprit et renforcer ta paix intérieure. En seulement 5 minutes par jour, ce journal transforme ta perception du monde et nourrit un bien-être profond et durable.

Journal de manifestation

Un outil puissant qui t'accompagne pour clarifier tes intentions, structurer tes actions et manifester tes désirs profonds. Inspiré par la loi de l'attraction et la méthode 369 de Nikola Tesla, ce journal te guide pas à pas vers la réalisation concrète de tes rêves.

Letters Never Sent

Un livre d'écriture thérapeutique unique qui te permet d'exprimer tes émotions les plus profondes. En écrivant ces lettres, tu te libères du poids du passé, tu renoues avec ta vérité intérieure, et tu ouvres la porte à une guérison authentique et durable.

À la rencontre de soi

Un carnet d'introspection puissant pour explorer ton passé, vivre pleinement le présent, et construire un avenir aligné. Des exercices pour clarifier tes émotions, apaiser ton esprit et renforcer ton bien-être. Un outil essentiel pour te reconnecter à toi-même et avancer avec force.

Rendez-vous dans 10 ans...

Un carnet unique qui te propose de répondre à 50 questions chaque année, pour suivre et révéler ton évolution sur une décennie. Une capsule temporelle précieuse qui te fait prendre pleinement conscience du chemin que tu as parcouru.

Ton avis compte vraiment

Merci d'avoir parcouru ces pages avec moi.

Si ce livre t'a touché, inspiré ou accompagné,
ça me ferait vraiment plaisir que tu laisses un petit
commentaire sur Amazon.

Ça prend moins d'une minute mais cela
m'aiderait beaucoup à faire connaître mon travail
et toucher d'autres personnes.

Il te suffit simplement de
scanner ce QR code avec ton téléphone:

Du fond du cœur,
merci pour ta confiance et ton soutien,
ça compte énormément pour moi.

Virginie